I PREMIO ALUMNI – UNIVERSIDAD DE SALAMANCA
DE POESÍA «CARMEN MARTÍN GAITE»

Alberto Martín Pérez

EXAMEN
DE NACIONALIDAD

PRÓLOGO: ESTER BUENO PALACIOS

EDITORIAL CUADERNOS DEL LABERINTO
—ANAQUEL DE POESÍA, n°155—
MADRID · MMXXV

El papel utilizado para la impresión de este libro, fabricado a partir de madera procedente de bosques y plantaciones sostenibles, es cien por cien libre de cloro y está clasificado como papel reciclado.

Impreso por COPIAS CENTRO (Madrid)

Primera edición: OCTUBRE 2025

Depósito legal: M-21276-2025
I.S.B.N: 979-13-87751-07-4

Impreso en España.

Promueve:

Patrocina:

para mi chica
de las novelas tristes

Y, sin embargo, vienes, confundida y absorta
como una gran muchedumbre
desde todos los puntos cardinales.

HÉCTOR ÑAUPARI

La tierra estaba seca.
No había ríos ni fuentes.
Y brotó de tus ojos
el agua, toda el agua.

LUIS ALBERTO DE CUENCA

PRÓLOGO

ESTER BUENO PALACIOS

Para la edición del I Premio
Alumni–Universidad de Salamanca de Poesía
«Carmen Martín Gaite»

ABRIR LA CASA DE LA POESÍA

Un prólogo es siempre una llave. Alguien, desde fuera, ofrece una palabra de bienvenida antes de entrar en un espacio que ya existe y que pronto será también nuestro. Con *Examen de nacionalidad*, de Alberto Martín Pérez, el lector se adentra en una casa poética hecha de afecto, memoria y ternura. No es un refugio intimista ni una torre aislada, sino una morada abierta a los demás, una invitación a entender que la identidad no se mide en documentos oficiales, sino en la capacidad de compartir la vida y el cuidado.

Este libro propone que la verdadera pertenencia no se otorga en ventanillas ni se certifica en pruebas de memoria: se gana en la risa compartida, en el barro que mancha las zapatillas tras la huida, en la ternura que acompaña las enfermedades cotidianas, en la música que dos cuerpos escuchan juntos. Aquí el amor es, al mismo tiempo, política de lo íntimo y ciudadanía afectiva.

El premio que da origen a este libro lleva un nombre que es ya, en sí mismo, un horizonte: Carmen Martín Gaite. Celebramos en 2025 el centenario de su nacimiento, y con ello recordamos la vigencia de su obra. Nada podría ser más apropiado.

Martín Gaite fue, ante todo, una escritora de la conversación. Entendió la literatura como un diálogo constante, un ejercicio de escucha y de hospitalidad. Conversar era para ella un modo de resistir al silencio, de mantener viva la memoria frente al olvido, de hacer visible la experiencia de quienes raramente entraban en los manuales de historia.

Ese espíritu de hospitalidad late también en *Examen de nacionalidad*. Los poemas se construyen como conversaciones íntimas y, al mismo tiempo, como un diálogo con la tradición literaria: desde Cervantes y Salinas hasta Ángel González, Luis Alberto de Cuenca o Mariángeles Pérez López. En esa conversación múltiple, Alberto Martín Pérez prolonga el gesto gaiteano: escuchar al otro, aprender de su lengua y su memoria, transformar la propia identidad en el cruce.

Este es el I Premio Alumni–Universidad de Salamanca de Poesía «Carmen Martín Gaite», convocado por Alumni–USAL con el patrocinio de Alma Mater Arte y Cultura. No nace para ser un gesto aislado, sino con la clara vocación de permanecer y crecer.

Alumni–USAL ha consolidado en los últimos años un prestigio reconocido dentro y fuera de España gracias a su red de antiguos alumnos, su capacidad de proyectar la memoria de la Universidad hacia el futuro y su apoyo constante a iniciativas culturales y académicas. Con este premio, Alumni reafirma su compromiso con la poesía, con los nuevos creadores y con la difusión de la literatura en el marco de una universidad que siempre ha sido espacio de palabra, debate y creación.

Que este galardón surja bajo el signo de Carmen Martín Gaite y se celebre en el marco de la Universidad de Salamanca no es sólo una elección simbólica: es la afirmación de que la poesía sigue siendo una forma privilegiada de conversación universitaria y ciudadana.

Como patrocinadora desde Alma Mater Arte y Cultura, asumo este premio como parte de un compromiso personal con la cultura y con la promoción de la poesía. Creo firmemente que la literatura no es un adorno, sino una manera de sostenernos como comunidad.

Patrocinar un premio significa acompañar la creación, ofrecerle un espacio, garantizar que la palabra poética encuentre su lugar en las bibliotecas, en las aulas y en la vida de quienes leen. Y hacerlo junto a Alumni-USAL significa multiplicar ese compromiso, reforzarlo con la fuerza de una comunidad universitaria que no olvida a sus egresados y que sigue abriendo caminos para las generaciones futuras.

El poema que da título al libro es una reformulación radical de lo que llamamos nacionalidad. Frente a los exámenes oficiales que preguntan por ríos, reyes o colores de bandera, Alberto Martín Pérez propone otro tipo de prueba: una que se centra en las maletas a medio hacer, en los trabajos precarios, en la dignidad de los cuidados.

Ese es el examen que importa: el de la vida compartida, el de la resistencia cotidiana, el de la ternura. El poemario se convierte así en un alegato contra la burocracia del alma y en un manifiesto en favor de una ciudadanía más amplia, fundada en el afecto y en la convivencia.

Los poemas recorren paisajes y escenas que se convierten en símbolos de una nueva pertenencia:

Uno de los núcleos más poderosos del libro se encuentra en su tratamiento de la lengua. La poesía de Alberto Martín Pérez se sitúa en ese terreno movedizo donde el español de este lado del Atlántico se confronta con la cadencia y el léxico venezolano. Pero lejos de vivir ese choque como un conflicto, el poemario lo asume como una ganancia de sentido.

En poemas como *Me rompes el lenguaje* la extranjería lingüística deja de ser una barrera para convertirse en un espacio de invención. El yo poético confiesa que su lengua habitual se quiebra, se fractura ante la sonoridad del otro, y que en esa grieta se abre un idioma nuevo, íntimo, propio de la pareja. El castellano académico se enriquece con expresiones como *naguará*, que porta un mundo cultural distinto, un ritmo y un color desconocidos en el habla cotidiana española.

Aquí la extranjería no se presenta como falta, sino como oportunidad de expansión. El lenguaje se transforma en un territorio vivo donde lo normativo pierde rigidez y lo afectivo gana presencia. No se trata de una defensa teórica de la diversidad lingüística, sino de una vivencia encarnada en el amor: el idioma común surge porque dos cuerpos deciden habitarlo. En este sentido, el poemario plantea una tesis fuerte: la identidad lingüística no es fija, sino que se reinventa continuamente en el encuentro con el otro.

Este tratamiento de la lengua como extranjería recuerda a las reflexiones de poetas como José Ángel Valente, para quien el idioma era siempre búsqueda y límite, pero aquí se le suma la frescura de lo cotidiano y el desenfado de la intimidad. El resultado es una poesía que nos invita a comprender la extranjería no como amenaza, sino como posibilidad de futuro.

El segundo eje del poemario se despliega a través de las imágenes de puentes y fronteras. La metáfora del cruce recorre buena parte de los textos, y no se trata de un adorno, sino de una forma de pensar el amor y la pertenencia.

Los puentes aparecen como símbolos de conexión entre mundos que parecían irreconciliables. Son metáforas del tránsito, del gesto de avanzar hacia el otro. Pero también se dibujan las fronteras: esas líneas que dividen, que limitan, que marcan lo que se puede y lo que no se puede. La poesía de Alberto Martín Pérez las reconoce, no las niega, pero las disuelve con un tono lúdico y erótico. Recordemos aquel verso provocador: «fronteras nulas por tus dos nalgas», donde la metáfora política se vuelve carnal y la aduana se derriba en el cuerpo amado.

Este gesto poético es profundamente subversivo. Frente a un mundo que endurece las fronteras geopolíticas, el poemario propone el amor como espacio donde toda frontera pierde vigencia. El tránsito no es sólo físico (de un país a otro, de una cultura a otra), sino también simbólico: del yo al tú, de la soledad a la comunidad, de la rigidez normativa a la fluidez del cuidado.

En este sentido, *Examen de nacionalidad* entronca con una tradición de poesía que entiende el espacio como metáfora de la vida afectiva: desde los «campos de Castilla» de Machado hasta las «islas» de Cernuda. Pero aquí el énfasis está en lo compartido, en la abolición de los muros mediante el deseo y la ternura.

Quizás la aportación más original del libro esté en su capacidad para elevar lo cotidiano a la categoría de épica. La vida de pareja, con sus rutinas y pequeñas historias, se convierte en materia poética.

El poemario está poblado de escenas de la vida común: bares con sus vasos de cerveza, flexos encendidos sobre apuntes y exámenes, canciones escuchadas en la penumbra, comidas rápidas, gripes compartidas bajo las mantas. Todo esto, que en apariencia carece de épica, se convierte aquí en el núcleo de un relato de amor y pertenencia.

Hay una elección ética en este gesto: frente a la poesía que busca lo sublime en lo grandioso, Alberto Martín Pérez reivindica la grandeza de lo pequeño. El verdadero heroísmo está en cuidarse durante una enfermedad, en cocinar juntos, en compartir la penuria de los trabajos mal pagados. Esta «épica doméstica» tiene resonancias en poetas como Ángel González, capaz de hallar en lo cotidiano una fuente de ironía y ternura.

El autor consigue que el lector reconozca su propia vida en esas escenas. La poesía deja de ser un discurso elevado para convertirse en espejo de lo común. Y en ese espejo encontramos una verdad sencilla pero poderosa: la vida se sostiene en gestos mínimos, y la poesía tiene la tarea de unir vidas.

El poemario no se cierra en sí mismo: dialoga con una tradición literaria amplia y diversa. Más que enumerar autores, lo que pone de relieve es la naturalidad de ese diálogo entre clásicos y contemporáneos, entre lo culto y lo popular (donde las canciones de Julieta Venegas o Guitarricadelafuente conviven con Cervantes o Machado).

Este modo de relacionarse con la tradición revela una conciencia universitaria: la poesía es conversación intergeneracional, transmisión de saberes y reinvención constante. No se trata de repetir fórmulas, sino de reconocer filiaciones y abrirlas al presente. Así, *Examen de nacionalidad* se inscribe en una genealogía sin renunciar a su frescura, demostrando que la tradición no es un peso muerto, sino un legado.

El entramado simbólico del libro se organiza en torno a una serie de motivos recurrentes:

• El agua y la sal, como emblemas del mar que une y separa, del cuerpo que se funde en la espuma, de la memoria que fluye.

• El barro, signo de huida, de camino recorrido, de extranjería convertida en pertenencia.

• La música, que aparece como banda sonora de la vida compartida y como puente entre generaciones y culturas.

• La casa, símbolo último del cuidado: no como encierro, sino como espacio abierto, como patria íntima donde el amor se vuelve ciudadanía.

Estos motivos, que reaparecen a lo largo del libro, construyen una cartografía afectiva. La poesía de Alberto Martín Pérez no dibuja mapas políticos ni geográficos, sino mapas emocionales, donde el territorio se mide en gestos, canciones y recuerdos.

Finalmente, no se puede entender este libro sin reconocer su tono particular. La voz poética combina humor y ternura de un modo inusual. Hay ironía, pero no sarcasmo destructivo; hay confesión, pero sin sentimentalismo excesivo. El equilibrio entre estos registros confiere al poemario una voz propia, reconocible y cercana.

Esa voz confesional no busca el lucimiento personal, sino que se abre al otro y al nosotros. La poesía, en este caso, es un acto de comunidad. Esa capacidad de alternar ternura e ironía, de reírse de uno mismo sin dejar de conmover, constituye la marca de autenticidad del libro.

Examen de nacionalidad es un poemario que despliega con madurez una reflexión sobre el amor, la identidad y la pertenencia. Lo hace desde la extranjería lingüística, desde la abolición de fronteras, desde la épica de lo cotidiano, desde la conversación con la tradición y desde un sistema simbólico de agua, barro, sal, música y casa.

Todo ello configurado en un tono que une humor y ternura, ironía y compasión. Una voz confesional que no cae en la autocomplacencia, sino que se abre al tú y al nosotros.

Un libro no llega a los lectores únicamente por el talento del autor o por el respaldo de un premio: necesita también la mirada atenta de una editorial que sepa acompañarlo hasta el final.

La edición de *Examen de nacionalidad* corre a cargo de Cuadernos del Laberinto, una editorial independiente que ha demostrado en los últimos años un cuidado exquisito por la poesía contemporánea y una sensibilidad especial para dar voz a autores emergentes y consagrados.

Quiero detenerme en la figura de su editora, Alicia Arés, antigua alumna de la Universidad de Salamanca. Su trayectoria confirma que la pertenencia a una universidad no termina con la graduación: se prolonga en la vida profesional y cultural. Con su trabajo editorial, Alicia encarna esa sensibilidad universitaria que une rigor, pasión y delicadeza, haciendo posible que libros como este encuentren la forma adecuada para llegar al público.

Gracias a Cuadernos del Laberinto y a Alicia Arés, este poemario no será solo un manuscrito premiado, sino un libro vivo, con diseño, con presencia, con futuro.

Llegados a este punto, conviene preguntarse: ¿para qué la poesía hoy? ¿Qué sentido tiene sostener premios, ediciones y prólogos en un mundo convulso, sacudido por la incertidumbre política, las tensiones sociales y las heridas de la violencia?

La respuesta no es abstracta: está en este libro y en muchos otros. La poesía no es un lujo; es una forma de filosofía vivida, un modo de pensar y sentir que nos permite habitar el presente con conciencia. Es también una forma de resistencia frente a la prisa, la superficialidad y la banalización.

En tiempos de ruido, la poesía ofrece silencio habitado; en tiempos de violencia, ofrece ternura; en tiempos de confusión, ofrece claridad. Por eso debemos insistir en que la poesía esté presente en nuestras vidas: porque nos humaniza, nos ayuda a pensar y nos recuerda que seguimos siendo alma.

Examen de nacionalidad pasa con nota el único examen que debería contar: el de la ternura cívica. Lo aprueba porque entiende que pertenecer no es poseer, sino compartir; que la lengua no es frontera, sino puente; que el amor no es encierro, sino hospitalidad.

Este prólogo es, entonces, una invitación a entrar en esa casa poética, a leer y a conversar con sus versos, a dejarnos transformar por ellos.

Que este premio, nacido de la mano de Alumni–USAL y de Alma Mater Arte y Cultura, que se celebra bajo el signo de Carmen Martín Gaite y que cuenta con la sensibilidad de Cuadernos del Laberinto y de Alicia Arés, siga creciendo con la fuerza de la poesía.

Porque en un mundo convulso, la poesía no es adorno: es fórmula de pervivencia. Nos ofrece filosofía y aliento, nos devuelve a lo esencial, y nos permite seguir habitando el tiempo con dignidad y esperanza.

ALBERTO MARTÍN PÉREZ

EXAMEN DE NACIONALIDAD

ME ROMPES EL LENGUAJE

Me rompes el lenguaje y resquebrajas
cada uno de mis versos.
Tu fonética corroe mi coraza castellana.
Destrozas lo castizo a golpe de naguará*.
Violentas, ardorosa, palabras con el trópico
que escondes bajo tierra.

Háblame y destácame las eses
a base de estocadas a mi sesgo normativo.
Cántame, candente, tu canto de pájaro
migrante; no ceses de reírte de mi boca
antes de someterla
                              a uno de tus besos.

---

* NAGUARÁ (VEN.) 1 interj. Exclamación provocada por una impresión o emoción. Sugiere principalmente asombro o perplejidad «¡Naguará, qué bonita es la catedral de Salamanca!». Sirve también para expresar molestia o cansancio «¡Naguará, Alberto, qué necio eres!». 2 adv. para intensificar una cualidad «naguará de bello». Parece proceder de la región centro-occidental, probablemente del estado de Lara. Se dice que el origen radica en una especie de ave llamada «nagua» y a las bandadas de estas aves, «guarada», autóctonas de esa región. Los larenses, al verlas volar, exclamaban algo así como «¡Ahí va una guarada!» o «¡Ahí va una guará!», lo que terminó originando dicha expresión, que fue retroalimentándose para ofrecer otros significados.

COMO UN DÍA DE PERROS

Como un día lluvioso y sin paraguas,
como un día de perros; despeinado,
calado hasta los huesos, con el frío
calzándome los pies. Abandonada

mi ropa toda al fragor de la marea,
rindiéndome a una gripe inesperada,
vertiendo una metáfora a tu ausencia,
cegado por la lluvia y por la rabia;

así me siento yo cuando te has ido.
Cuando no estás y el sol desaparece
y le obliga la luna a arrinconarse.

Así me siento yo; perdido el norte.
Mojados mis harapos, destruido
por una simple lluvia, por tu ausencia.

POEMA DEL HOLLY CROSS

La chica del bar tiene el pelo rubio
        y es venezolana.
Parece divertida y que no fuma.
Al hablar dibuja formas
en el aire.

Le he entrado con la excusa del mechero.
Me ha dicho, azorada, que no tiene.
Sus dos ojos marrones son luceros
y, francamente, me están
                    desconcertando.

No sé con que otra excusa
prolongaré el encuentro.
Me arriesgo. Nombro Barquisimeto,
Caracas y Valencia; intento aparentar
que conozco su país.

Creo que ha caído en el engaño.
Me dice que es de San Felipe
        estado Yaracuy

Reconozco que esa zona no me suena.
Se ríe y se produce un cataclismo.
Se marcha y viene el frío a molestar.

Quizá vuelva a verla alguna tarde.
Quizá vuelva a escribirle algún poema.

DICES QUE TE DA MUCHO REPARO

Dices que te da mucho reparo
y descoses la luz avergonzada.
Yo te digo que odio la penumbra,
que al menos compres una lámpara de noche;
lo cierto es que soy algo patoso
y no encuentro tus labios si me exilias
a buscarte en la burda oscuridad.

Me cuesta adentrarme en el parnaso
de tu piel almibarada y de tu sexo.
Voy de fuerte, de poeta, de gracioso
y lo que guardo en los bolsillos de mi pubis
son complejos.

Es por eso
que no puedo entender que nos destierres
a la cruel seguridad de los amantes;
temo la umbría y necesito
que conozcas por completo mis rincones.

Aún estamos aprendiendo a descubrir
los puntos cardinales de los cuerpos
(prefiero mantener tu imagen viva
por si un día preferimos el descuido
de los besos del montón).

Porque soy temerosamente torpe, amor,
y sólo me basta una cama,
tu presencia y la confianza ciega
de tus piernas amarradas a mi piel.

INCIERTO AZAR

¿De dónde saliste?
¿De qué estrella del cielo descendiente?
¿Por qué el azar, amor, me dio tu nombre?

HASTA TUS PÁRPADOS

Yo, que agarro el sueño con la facilidad
de un perezoso. Yo, que me despierto
más puntual que el mañanero gallo
y que ayudo a Dios, que está solícito,
a brindar al que madruga un desayuno.

Yo, que ceno estoico y disciplinado
en una mesa. Sin excepciones.
Yo, de dieta sobria y sin calorías,
de dientes blancos y pelo siempre
bien peinadito. Yo, he descubierto

que no era ese. Ninguno, acaso.
Que era un reflejo de unos valores
que me imponían, o que yo mismo
atesoraba. En equilibrio la vida toda.

Yo, ahora me apiado, viéndote libre
de vestiduras, de mi pasado. Bendigo
toda mi suerte: verte desnuda, aquí a mi lado;
roncando ruda (aunque no roncas),
mostrando el sexo sin pretensiones,

rompiendo el nexo recto y preciso
de mis horarios, que ahora, caóticos,
se encuentran presos de tus pezones.

Ahora sin patria. Sin particiones.
Fronteras nulas por tus dos nalgas
desorbitadas.

No creo en nada. En nada pienso.
Nada en mi vida tiene sentido.
Todo el camino ha sido largo
y ha sido tosco y muy abúlico

hasta llegar a tus dos párpados.

A QUEMARROPA

Te quiero porque te duele el mundo;
porque te agobia el sinsabor de la derrota.
Te quiero porque niegas lo perfecto
y asumes que la vida es una sola.
Te quiero con toda mi ciudad, en lo profundo.
Te quiero como un tonto, a quemarropa.

Te quiero de erasmus en Oporto
y si te marchas también a la otra punta.
Te quiero con todas las afueras;
con Venezuela, con Estambul y con Zamora.
Te quiero con tus luces y tus sombras.

Te quiero cuando eres niña buena,
cuando te quitas también tu piel de santa.
Te quiero entre las sábanas mojadas,
entre la ropa sucia y los despojos.
Te quiero con toda tu locura.
Te quiero como un tonto, a quemarropa.

RECUERDA A CERVANTES

Cuando pienses que no puedes más,
que la vida no tiene sentido,
      recuerda a Cervantes:
decidió volverse a Madrid,
cansado de tanta batalla
y a días de su cumpleaños;
inmóvil, amor, de una mano,
y llegando ya a Barcelona
fue capturado.

Cuando pienses, preciosa, en rendirte,
que la vida no tiene sentido,
recuerda que cinco años preso
y cuatro intentos de fuga
de nada sirvieron.

Después del fracaso, jugó su última carta:
en la ruina total, con el trauma de Argel
y el fatalismo que acompaña a los poetas

se lavó la cara y la mano,
se miró al espejo
y escribió el Quijote.

LA SAETA HA ROTO EL VASO

Lancé una flecha un día de primavera,
una Semana Santa en que la vida
sabía un poco a whisky de taberna.
El tiempo nos juntó el siguiente octubre;
volaban viejas hojas al destierro.
El curso se asentaba en nuestros libros:
se iban llenando de tinta de bolígrafo.

No sé cómo acerté y tiré la copa.
Por suerte o por desgracia era la mía.
Lo único que sé es que conseguí
hacer que te rieras y aceptaras
invitarme a un trago más aquella noche.

UN ÁNGEL MANCHADO DE CANELA

Mis labios infectados de úlceras
te besan. Regocijas y yo aguanto
amorosamente elíptico.
Me sitúo en las afueras del fragor

de la batalla. Son las almas quienes
luchan hogareñas y estáticas.
Tu cama es la frontera que divide
nuestras dos íntimas similitudes.

No dejes de besarme, aunque me duela.
No dejes de sanar mi arquitectura
con tus senos aritméticos, nunca

dudes de mi ser poetizado. Oíd
pájaros, mi oda a su hermosura;
es un ángel manchado de canela.

SINÓNIMO DE ESQUINA

No me beses así: en público y sin filtros,
en medio de la plaza, apasionadamente.

No me beses aún, me relataste; vengo
de donde un beso es sinónimo de esquina.

CUANDO DUDO

Cuando dudo (porque dudo)
releo los poemas que te he escrito;
el grueso que he pulido tantas noches
y conforman, sobre todo, este libro.

Otros (los hay, que no te quepa duda)
aún no han nacido (como nuestros tres hijos)
y todos, a su modo (no los hijos)
te los he recitado alguna noche.

Cuando dudo (¿quién no duda?)
y pienso que no valgo lo que piensas
o pienso que te piensas que no valgo
o pienso (si es que pienso)
que no valoro lo que vales,
recuerdo el camino que hemos
hecho juntos: los recuerdos y las piedras
con las que hemos tropezado.
Los fuertes y fronteras.

Que no puedo negarte que no dudo,
que no pienso en huir a donde el miedo
no aceche mirándome al espejo,
diciéndome que estoy algo cansado,
que el corazón no siente lo que siento.

Que no puedo negar que eso no pasa,
que a veces me desvelo y miro el techo
y pienso que quizás me estoy mintiendo,
que quizás te estoy mintiendo

y siento que es verdad, no valgo nada
y estoy forzando el todo por el todo.

Porque dudo, eso es lo que me pasa
cuando el pecho se contrae en la madrugada
y te digo, entre llantos, que no entiendo
por qué, mi amor, algunas veces
parece que no nos entendemos.

Porque dudo te escribo este poema,
porque soy humano y como dudo,
a veces llego a dudar de si te quiero.

Pero te das la vuelta y te desvelas,
al verme tan al borde del abismo;
me miras con tus ojos terciopelo
y de súbito se me derrumba toda el alma;
me acaricias, me besas mientras lloro
como un niño que ha encontrado la respuesta
y entiendo que dudar, dudamos todos.
Que claro que te quiero, que si no
no estaría escribiéndote un poema.
Abriéndome en canal como lo he hecho.
Luchando día a día por lo nuestro,
por ser mejor persona y no sentir
que no valoras (tonterías) lo que valgo.

Porque dudo sé que soy humano.
Porque dudo y escribo este poema
y dudo hasta de que
lo esté escribiendo,
sé, tontita, lo tanto que te quiero.

POEMA DE LA IMPRENTA[*]

Llegamos a La Imprenta.
Javi conversaba con un hombre.
Estábamos nerviosos.
Vacío esperaba el escenario.
Pedimos calimocho; o tal vez un vampiro,
    no recuerdo.
Charlábamos de todo, nos miraban.
El hombre se acercó;
citó a Canserbero y nos bendijo.
Me dio un empujón y un caramelo.

Seguimos conversando.
Javi nos invitó a unos chupitos.
El hombre habló de su pasado,
nos miraba. Pidió perdón por algo.
Habló de una novela que tú
te habías leído. Pedimos otra ronda.
El hombre nos mostró una imagen de su hijo.

---

[*] Claro que no recomiendo visitar La Imprenta… A Javi le gusta
la poesía.

Nos enseñó sus manos, curtidas por el tiempo;
también había robado y pasó por la cárcel.
Miraste tu cartera. Sonreí.
Brindamos con los dos y desaparecimos;
el sueño, si fue sueño, se deshizo.

Al rato nos besamos, en El Charro.
El bar a media luz, de discoteca.
Sonó una canción y después otra.
Pedimos dos cervezas; cayó el telón de fondo
de botella.

POEMA DE ABRIL

Abril amanecía en la Casa de las Conchas.
Yo leía el cautiverio de Cervantes
en Argel. Tú estudiabas un examen
importante. Hicimos un descanso;
poemas de R. V. desfilaban
junto a fotos de tu infancia en Venezuela.
Me hablaste de las flores de cayena
y Cervantes en la ruina susurraba
algo de una Dulcinea.

Después nos fuimos a tu casa
y no pienso contar lo que pasó
en tu cama entre Quijote y los molinos.

LOS BESOS QUE ME DAS

Los besos que me das
pecan de presumidos:
se repiten porque quieren
retratarse. Prometen ser eternos
en su lentitud etérea
y juegan al misterio
en la noche cerrada.
Los días de borrachera
son violentos; muerden fugaces
el dolor de la mortalidad.
En la calle se ofrecen como putas;
las esquinas se han cansado
de las palabras cursis.
Pero al final del día,
en el fondo del vaso de whisky del borracho
de cualquier bar de carretera,
en las butacas vacías de los cines
al final de la película,
en una vuelta a casa de una noche
de farándula,
reivindican su presencia;

nos redimen a los rotos,
a los irremediables poetas
—a los lunáticos—
de escribir sobre la vida
versos tristes. Por eso te hablo
de Bécquer entre noches. Revuelvo los poemas
y sonámbulo te digo lo que diera por un beso
y por otro,
      por otro,
          si es posible...

HE VACIADO MI CASA

He vaciado mi casa,
el despacho que no tengo.
Los retazos de otras vidas
ahora están en la basura.
Los cristales rotos
están todos recogidos
(ya no pueden hacer daño);
trae ahora tus enseres:
tu cepillo, el secador,
la plancha con enchufe
americano. Deja algo de ropa
en mi armario; mi escritorio
está esperando alguna foto.
Hasta el wáter reclama
tu presencia.

No tardes:
el tiempo nos pisa los talones.

CAMINO DE ZAMORA

Caen las últimas nubes. Un avión pone rumbo
a no sé dónde. Dibujando en tiza blanca
una efímera línea que se pierde.
Voy camino de Zamora, voy a verte.

Amor, es el instante. Es este cielo
como un cuadro de Rubens.
Eres tú dentro de un rato.
Voy camino de Zamora, voy a verte.

POEMA DE ALBUFEIRA

Una gaviota roza el cielo de Albufeira
y domina el horizonte. Las piedras de la orilla
son las perlas del collar de tres euros
que compraste; el cuchitril del hindú
se almacena en el recuerdo
de esta pasión desenfrenada.
La habitación de un solo foco,
sin armario y con terraza
con vistas a un tejado envejecido
desfila en nuestro álbum
como desfilan los ingleses por la ruta de los bares;
la Superbock la han tomado por bandera.

Te acercas, amor mío, a la toalla;
brotas de la mar como sirena
y enriqueces mi vista como un cuadro romántico.
Me atrevo a compararme con Friedrich en las cuevas;
entiendo el preciosismo que supone
ser testigo de verte sonreír al ver delfines.

Y es que pocos han tenido el placer
de ver cómo te adentras, lentamente,
al reino omnipotente de Neptuno.

Recuerda, amor mío, este verano:
cuando salga el sol y los ingleses
estén borrachos ya y empiece el ruido.

HABITACIÓN PRIVADA

He encontrado un refugio en tu sonrisa
de amazona fulgente, un oasis
en medio del desierto, una vida
sobrante en este juego, un paréntesis.

He encontrado en tu casa las oscuras
golondrinas de Bécquer, que resbalan
por la noche en tu piel y en tu cintura
y se instala en el sol de tu mirada.

He encontrado una habitación privada
en el fondo de armario de tu pecho
y un destello de luz en tus pupilas
que me calienta el corazón y el lecho.

No te atrevas a irte tan deprisa
sin despedirte antes con un beso
o no te vayas nunca, pide pizza
y disfrutémonos como dos viejos.

ME HA ROBADO EL CORAZÓN
UNA EXILIADA

Me ha robado el corazón una exiliada
y ahora siento que a nada pertenezco,
mas que al dolor balbuceante de sus piernas
y a su sabiduría indefectible.

Pues de ella aprendo, por suerte, tantas cosas
y es tan importante ese mejunje,
esa doble experiencia pervertida,
que por su intromisión ahora soy otro.

Ahora proclamo mi tristeza por el mundo
y procuro ofrecer todos mis medios,
equivocarme menos, no ser tan egoísta;
traspapelar mi corazón y hacerme el vivo.

Ahora, por su culpa, soy más benevolente.
Probablemente soy parte de un Todo.
He recobrado mi presencia más rotunda
y me siento, por fin, humanizado.

Me ha robado el corazón una exiliada
que ha detenido el tiempo con sus pasos
cansados y embarrados. Su viaje
ha sido forzoso y perentorio:

le han salido en el alma algunos callos
que trato de curar como bien puedo.
Que no se atreva a nadie a condenar sus miedos.
Que nadie ose, acaso, abaratar su huida:

me ha devuelto a mí el alma un alma rota.

LA CASA COLONIAL

En Ávila, diciembre de 2023

Entramos en la casa colonial
donde resulta que vivía Orson Welles
cuando quería escapar y refugiarse
del cine, de la vida, Nueva York
y venirse a la ciudad de la muralla.
Venirse a las afueras.

Entramos en la casa colonial
donde resulta que vivía Orson Welles;
el restaurante ubicado en el patio
te recuerda a un restaurante en Venezuela
al que ibas a comer algunas veces.
Pedimos un menú degustación:
de entrantes alubias con chorizo,
sopa castellana y patatas revolconas.
Chuletón de un kilo de segundo.
De postre arroz con leche y natillas.

Nos sale a cuenta de mi copa
de vino y tu refresco
(con algo hay que acompañar la carne roja)
por nada menos que cincuenta euros.
Entramos en la casa colonial
donde resulta que vivía Orson Welles
y tan sólo por un día, amor mío,
resulta que no somos estudiantes.

HOMONIMIA ES

Homónima las tres primeras letras
de tu nombre y mi nombre
que han decidido arrejuntarse en el camino,
fusionarse, germinar en sintagma
prematuro y volátil.

Todito se nos cae de las rodillas:
no podemos asir nuestros caprichos,
nuestros sueños aún en la certeza.

Sin embargo nos queda la poesía,
los trabajos precarios, las butacas del cine
con las que combatimos
a la ruinosa, impasible
y retórica muerte.

Homónimo el camino: siempre el mismo
y siempre diferente; tú sigues arañando la pecera
y yo refrenando el mar que agrieta
cada madrugada sus cristales.

La vida a tu lado es tan homónima: todo me sabe igual
de perentorio, de aromático y fresco, no arbitrario
y nunca descuidado. Tan homónima
en su sentido más originario
que si dijera espejo, nombraría
acaso aquel pronombre al que Salinas
hacía referencia en el poema
que hablaba de nosotros.

Homonimia dos almas desastradas
que se realizan juntas.

A TI TE ENCANTA EL MAR

A ti te encanta el mar y no le temes.
A mí me asusta que el fondo no se vea.

Recoges conchas a pesar de aquel augurio:
lo que es del mar, me dices, a él vuelve.

Suena a amenaza y recuerdo el fondo oscuro;
será por eso que tú apuestas por todo.
será por eso que yo temo al futuro.

CUANDO TE VEO DESNUDA

Cuando te veo desnuda. Cuando te advierto
    humildemente libre
de ropa que acalora y encarcela.
Cuando observo el ronroneo, el dulce ronroneo
de tus piernas, que se baten nerviosas
por el lecho sin sábanas

en un estío tórrido que atrapa y pega.
Cuando te miro así, tan ardiente y completa;
me siento afortunado. Me siento eternamente
afortunado, vulnerable y poeta.

ENGALANADA Y LOCA

Te quise ayer, borracha como el mundo,
desperdiciando, al fin, nuestra cordura.
Te quise firmemente en la cerveza
y en el transcurso de camino al baño.

Te quise triste: llorando por la situación
de Venezuela. Te quise al vomitar la copa rota.
Te quise en todas, en cada una de las horas.

Cómo no quererte, amor, entonces,
también en la resaca.
Cómo no quererte en el arrepentimiento
de una dulce noche de jarana.

Te quise ayer, borracha como el mundo.
Te quiero hoy, como el mundo, loca.

EL DÍA ÚLTIMO DEL MUNDO

Como estás dormida y no puedes
verme con el misterio que esconden tus zapatos,
voy a hablarte del niño que no fui.
Claro que jugaba al fútbol, como todos,
y garabateaba en mi libreta,
esperando la llegada del recreo
para completar mi álbum de cromos.
Puedo narrarte incluso un cumpleaños
en el que mi tío me regaló una caja entera
y me dieron igual el resto de regalos:
me encerré en el baño de la finca,
esperando que detrás de esos paquetes
estuvieran los cromos que faltaban.
Puedo contarte, acaso, tantas cosas,
tú eres capaz, encima, de dormir
tanto tiempo, ay, que llegaría
el día último del mundo
que tengo la ocasión de rebuscar
en la memoria —el viejo álbum
que aún poco compartimos—
y contarte del niño que no fui.

Claro que pensaba que la vida
era sencillamente apasionante;
que el amor eran películas de Hollywood
y la muerte, tan sólo, propaganda.
Claro que mi barrio era tranquilo
y lo más raro es que nunca pasó nada.
Claro que mi infancia era sencilla:
leía poco y no sabía
dónde estaba Venezuela.

Cuando acaso te revuelvas en la cama,
cambies de posición y te acalores
y busques mi cuerpo y me pidas
                              que te abrace;
cuando grites porque tienes pesadillas
te contaré del niño que no fui.

Claro que no jugaba con muñecas
y mis ídolos eran los de todos.
Todos los veranos veía el mar
y mi entrepierna se irritaba por el roce de la arena.
Claro que tu infancia no fue tan diferente:
jugabas con tus primos en la granja de tu tía
        y escuchabas
la música en inglés que te ponían:
los grupos de rock que le gustan a tu padre.

Ibas a esas playas caribeñas que tienen nombres raros
y la arena, cómo no, te irritaba la entrepierna.
Por entonces no sabías
nada de emigrar y abandonar
la casa de tu infancia.
Por eso
el día último del mundo,
cuando despiertes por fin y reconozcas
que no puedes dormir y acaso pienses
que el tiempo nos faltó y que llegamos
tarde siempre; antes de que suene
la campana, te contaré del niño que no fui
y que no está escribiendo este poema.

TAMBIÉN AMO LOS PUENTES

Yo también amo los puentes,
la dulce confusión de la materia,
el dedo que llega hasta mi orilla
y se posa, pausado, acariciándome.

Amo cruzar el charco y embarrarme
y sentir que eres más mía cada noche,
que me confundo en tu lengua viperina
que se solapa en mi nuca abanicándome.

Amo la cruz del mapa, el tesoro escondido,
el terreno abordado por la pala.
Amo la zanja abierta; la herida que mantienes
arropada por la tierra húmeda y fría.

Amo cruzar el charco y sentirme más tuyo,
confundir mis idiomas en cada una de tus piedras.
Amo, en cada pisada, sentir el puente abierto,
dispuesto a abrir camino; un futuro remoto.

ESTO ES UN POEMA

Esto es un poema. No está usado.
Sin embargo, al terminar de escribirlo
tendrá polvo. Con el tiempo, acabará seguro
en algún anticuario. Alguien lo encontrará
lleno de esperma, de saliva o de sangre.
Quizá huela a nosotros.

EXAMEN DE NACIONALIDAD

Te harán preguntas como
cuántos metros cuadrados
tiene España; qué río desemboca
en Portugal, o quién compuso, acaso,
El amor brujo. Preguntas, a su modo,
razonables.

Pero no preguntarán, pues no se atreven,
por cuántos míseros euros trabajaste
cuidando a los abuelos de otros nietos,
limpiándole la mierda de las uñas;

no preguntarán con qué coraje
te levantaste un día de la cama
ante la incertidumbre y los alambres
que ocupan la barrera de tu miedo;
pues eso no es materia que interese.

Serán preguntas, algunas, muy sencillas:
de qué color es la bandera, quiénes son
los protagonistas del Quijote...

Pero jamás osarían preguntarte
por el barro de tus zapatillas.
        No se atreven.
Jamás osarían, amor mío,
ponerse esas mismas
zapatillas
y mancharse con el barro
primigenio.

EL DESPUÉS

Me has contagiado tu despiste,
tus deshoras y la desmesura
—esto último, para quererte—.

Ahora siempre te espero en el después,
en mi futuro despacho, en la desfachatez
de durar toda una vida.

CUANDO ESTOY ANTE LA HOJA DE PAPEL

Cuando estoy ante la hoja de papel
y siento que lo intento, pero no
doy en el blanco. Cuando veo cómo
las palabras se agolpan despiadadas
y me pesan los hombros por la historia;

migrantes convertidos en errantes
mesías que alimentan el desierto,
que lo llenan de nuevas acepciones;
quizá tu bemba, el cielo de tu boca
quizá mis labios, secos como robles
quizá alfabeto resignificado.

Cuando estoy ante la hoja de papel
y pienso que la tinta la fecunda
con tu horadada historia. Cuando observo
la huella de tus pasos por el folio
y ya no soy tan mío, ni tan necio;
cuando siento que ya no tengo historia,
que ya las has invadido con tu nombre
y has alterado hasta mi médula
acaso con recuerdos de tu infancia.

Cuando estoy ante la hoja de papel
y me plantas la mano en este hombro,
cansado de pensar en un poema
que reescriba tu herida heredada,

me recuerdas, con ojos entornados
que apague ya la luz de la mesilla
y que vuelva al lugar de la escritura:
a tu impaciente espalda descuidada.

DESPUÉS DE LOS SUBRAYADORES

Por los exámenes y libros de texto,
por las noches durmiendo en los apuntes
manchados de carmín o de cerveza.
Por el horario destrozado a lapicero
y el bolígrafo con el que tacho otro día
tu acera, tu portal, el cuarto piso;
quien se acerque a nuestra casa encontrará
una pareja completamente insomne.

Lo que no verán, amor, es la pausa
que hacemos entre tema y tema siempre,
la música de fondo que no escuchan:
Julieta, Caramelos, Guitarrica...*
Quien se acerque a nuestra casa encontrará
ojeras solamente.

Lo que no sabrán, amor, la recompensa
entre sábanas, pasión y luces leds;
después del flexo, la tinta y el estrés.
Después, amor, de los subrayadores.

---

* Me refiero, por supuesto, a Julieta Venegas, Caramelos de Cianuro y Guitarricadelafuente.

RELIGIO AMORIS

Te venero las noches en que nos deshabitas;
en el recuerdo amargo de tu cuerpo en mi cama.
Te venero, monada, como a una diosa antigua:
en los marmóleos templos que esconde tu mirada
(las ciudades que quieres pisar con los tacones
que no te pones nunca). Te venero, querida,
cuando metes la pata; cuando me haces la cruz
por instalar la voz en lo alto del cielo.
Te venero en los mundos que sueñas por las
noches,
en los que no aparezco y me engañas con otro
que te habla mal y tiene actitud arrogante.
Te venero en la cama en la que te alimentas
de mis órganos todos. Y venero tu cuerpo;
tu estacional cabello que brota y que se tiñe
acorde con tu ánimo; y tus ojos oscuros,
del color de la noche, que ya lo han visto todo
y que todo lo saben; y tus dos labios gruesos
que besan sin reparo, sin descanso, sin tedio,
sin ninguna piedad, el pudor masculino
que escondo en mis cajones. Y venero tu mente

alocada y escéptica, séptica y atorada,
derrotista, vital, contradictoria, cóncava,
que se miente al pensar cuando se pone trágica
y dice que no vale la pena respirar.
Y venero el sol que enciende tus mejillas;
las perlas que en la noche olvidas cepillar
y necesitan bráckets. Cada centímetro tuyo
cada gramo que pesas, cada litro de agua
que aún no te has tomado.

LA GRIPE

Treinta y ocho o treinta y nueve
                    de fiebre.
Catorce de enero
de dos mil veinticuatro.
La gripe se desliza por mi cuerpo
invadiéndolo todo.
Tú también te has contagiado.

Volvemos a poner
los pies descalzos en la tierra
brutalmente congelada.

Tiritas y quejosa
me pides que te abrace
y te traiga otra manta.

Apago las persianas,
cierro todas las luces
y me arrullo contigo
esperando a que vuelva
otra vez la rutina

y se acabe la gripe
y se acabe la calma
que nos mantiene juntos;
mortales, pero vivos.

EL VERSO ENAMORADO

Ni amatistas ni óleos
corrompen tu mirada
de inocencia suprema,
de infantil armonía.

La cicatriz del tiempo
no ha podido en tu piel
deshonrar el azul,
el candor, la palabra.

Muchos ven el revuelo,
el tormentar de alas
de tus santos murmuros,
una certera ofensa.

No entienden que tú vienes
de la tierra del éxodo,
del país de la huida;
que en tu boca la rabia
no conoce la envidia.

Es una voz antigua que no
se ha comprendido.

No entienden que tú tienes
preguntas y respuestas
porque sí descifraste
el Misterio ocultado:

por eso, eres mi musa
mortal, tangible, cárdena.
A la que cada noche
protejo entre las sábanas
y por la que he obviado
el dolor de la pérdida.

No entienden que si canto
con verso enamorado
a veces cursi y desde
la sinrazón más pura

es porque por tu culpa
conozco que la fe
ha sido siempre humana;

sencilla, curvilínea,
a veces decaída, triste,
amoratada
por el pesar del tiempo.

Mas siempre con la luz
de la huella obtenida
y la confianza ciega
en el blanco horizonte.

Por eso me desvivo,
despisto mi pisada
y confundo mi lengua,
mi camino y mi alma

con tu boca inequívoca
y tu tez encriptada
que yo en cada jornada
me esfuerzo en descifrar.

TU CUERPO SABE A SAL

Tu cuerpo sabe a sal, a sol, a espuma
y tu cuello centellea en la espesura
de tu cabello teñido, mi morada.

Tu sudor que sabe a sal de agua marina
y tu piel que es arena de la playa
reproducen en mi corazón que estalla
felicidad y paz en cada esquina.

Reéleme los besos que me has dado
y no te vayas nunca de mi vida,
pues a mi corazón desordenado
le has servido, amor, de medicina.

No me dejes entrar al otro lado
sin saberte mi esposa y mi vecina.

ESPARSA

Las aves andan volando,
cantando canciones viejas.
Tus verdes ojos, temblando,
torrentes de agua corriendo
sin cuentos ni moralejas.
Yo, por mi parte, amador
y con la confianza ciega;
que esta relación de amor
me calma todo el dolor
cuando la vida nos pega.

LOS CUERVOS DE LA PENA

Y si vienen los cuervos negros de la pena
que me encuentren demorando en tu regazo.
Aunque trinen con fuerza, aunque desfalquen
con la sonoridad de sus entrañas
este silencio nuestro, que se enteren:

me aferraré a tu vientre, a tus pupilas,
a la seguridad de tu semblante
construido con barro.
Me aferraré al pronombre que nos une,
a nuestra lengua, caótica y cambiante,
compartida. A esta historia nuestra, trabajada
con paciencia y con hambre.

Aunque a baja altura vuelen,
aunque tarden
en desaparecer y vaticinen
oscuridad y drama
no me separaré de tus rodillas
y de tus pies cansados.

RESURRECCIÓN

No sé de qué escribir y cuando escribo
se me arrejunta todo en tu memoria,
en tu mirar profundo, en tu prudente
actitud de venus rectilínea.

No sé ni qué pensar cuando te escribo
pues definirte es una grosería;
en la orilla me siento y que me arrastre
ese mar que se vierte en tus rodillas.

No soy yo a tu lado, soy el otro
que se muestra del lado del espejo;
un ideal de hombre que ha logrado
hacerse carne gracias a tus huesos.

De tu costilla renací y ahora
tengo una vida extra en la guantera.

CUANDO SALGA EL SOL

Cuando salga el sol
la herida será sólo
un avión que decapita el cielo

y tú, mi amor, el umbral
donde todos los recuerdos
son canciones.

EPÍLOGO

En «Poema de abril», R.V no es otro que Raúl Vacas y los poemas a los que me refiero son de su libro *Proceso de amor*, que también está presente en «Engalanada y loca».

«Los besos que me das» procede de un verso de mi adorado Pedro Salinas.

«Esto es un poema», por su parte, proviene de un verso de Ángel González.

La cursiva de «Cuando estoy ante la hoja de papel» es de mi querida Mariángeles Pérez López, a la que admiro profundamente, como maestra, como poeta y como persona.

«Religio amoris» no podría haber sido escrito sin tener la poesía completa de Luis Alberto de Cuenca en la mesilla de noche.

En cuanto a «Esparsa» es un homenaje a Gómez Manrique.

«Los cuervos de la pena», por su parte, procede de la lectura de Asunción Escribano.

AGRADECIMIENTOS

En primer lugar, al jurado del I Premio de Poesía Alumni «Carmen Martín Gaite», por confiar en este libro. Especialmente a la Universidad de Salamanca, a mi editora, Alicia Arés, por cuidar tanto una historia tan personal; y a Ester Bueno, por sus palabras.

A mi familia y A mis amigos, por creer siempre que mi voz puede cambiar el mundo.

A Javier Burguillo y Manuel Ambrosio, por los consejos ofrecidos con los primeros borradores.

A Alfredo Pérez Alencart. Sin él, este libro nunca hubiera sido posible. Por creer que en mis venas corre la Poesía.

A Roger Wolfe; Por no creer en nada, pero creer en mí.

A Héctor Ñaupari, a quien por descontado le dedico este libro, que no llegará a ver y lleva su sello, y al que todos los que le leímos y le conocimos extrañamos.

ÍNDICE

ACABOSE DE IMPRIMIR
ESTA PRIMERA EDICIÓN DE
EXAMEN DE NACIONALIDAD,
DE ALBERTO MARTÍN PÉREZ,
EL DÍA 20 DE OCTUBRE DE 2025,
ANIVERSARIO DEL NACIMIENTO
DE ARTHUR RIMBAUD

Sin hablar, sin pensar, iré por los senderos:
pero el amor sin límites me crecerá en el alma.

LAUS DEO